Novena para as mulheres que desejam ter um filho

Felipe G. Alves

Novena para as mulheres que desejam ter um filho

EDITORA
VOZES

Petrópolis

© 2017, Editora Vozes Ltda.
Rua Frei Luís, 100
25689-900 Petrópolis, RJ
www.vozes.com.br
Brasil

Todos os direitos reservados. Nenhuma parte desta obra
poderá ser reproduzida ou transmitida por qualquer
forma e/ou quaisquer meios (eletrônico ou mecânico,
incluindo fotocópia e gravação) ou arquivada em
qualquer sistema ou banco de dados sem permissão
escrita da editora.

CONSELHO EDITORIAL

Diretor
Gilberto Gonçalves Garcia

Editores
Aline dos Santos Carneiro
Edrian Josué Pasini
José Maria da Silva
Marilac Loraine Oleniki

Conselheiros
Francisco Morás
Leonardo A.R.T. dos
Santos
Ludovico Garmus
Teobaldo Heidemann
Volney J. Berkenbrock

Secretário executivo
João Batista Kreuch

Editoração: Fernando Sergio Olivetti da Rocha
Diagramação: Sheilandre Desenv. Gráfico
Revisão gráfica: Nilton Braz da Rocha
Capa: Omar Santos

ISBN 978-85-326-5420-5

Editado conforme o novo acordo ortográfico.

Este livro foi composto e impresso pela Editora Vozes Ltda.

Introdução

Como é lindo o plano de Deus, que nos ama com amor infinito! Ele, todo-poderoso, quer nos enriquecer com todas as graças que precisamos.

No entanto, quantas e quantas mulheres que desejam engravidar e não estão conseguindo! E uma das razões desse problema está em confiar só em Deus, esquecendo-se, porém, de fazer a sua parte, não procurando o tratamento necessário, ou enchendo-se de preocupações constantes, carregadas de tristeza.

No entanto, essa novena vai enchê-las de fé e transformar sua tristeza e preocupações em esperança.

Não se esqueça que Jesus tem todo o poder no céu e na terra e, cheio de amor e de braços abertos, Ele clama: "Venham a mim todos os que estão cansados e sobrecarregados, e eu darei descanso a vocês" (Mt 11,28).

Então, coragem! Faça esta novena, não simplesmente lendo, mas rezando-a com piedade e abrindo o coração para fazer a vontade de Deus, usando os meios necessários.

1º dia

A fiel suplicante: Jesus, meu Senhor e minha vida, em minha pequenez e solidão me prostro diante de sua majestade, cheia de confiança. Ouça a minha súplica! Ouça o meu clamor!

Por que minhas amigas puderam gerar um filhinho, amamentá-lo, embalá-lo e somente eu não tive esse privilégio? Sinto ser eu a última das criaturas, desvalorizada e humilhada. Jesus, se o Senhor tem poder, dê-me a graça de engravidar e gerar um bebê lindo e forte! Sim. Eu quero ser mãe.

Jesus: Se eu tenho poder? Claro que tenho, pois todo o poder me foi dado no céu e na terra e tudo é possível para quem crê em mim. Eu sou a vida e quero que você tenha essa vida e a tenha em abundância. Em mim você pode confiar, pois eu cuido até dos passarinhos e você vale muito mais do que eles.

Palavras de sabedoria: Para facilitar a superação desse problema, não o deixe escondido em seu interior. Fale sobre ele com pessoa de confiança ou com algum familiar, ou participe de algum grupo de apoio. Desabafar com pessoas que carregam o mesmo problema poderá tornar mais leve o seu caminhar.

Muito importante é procurar um competente especialista que se interesse pelo seu problema.

Também não permita que sua vida sexual seja mecanizada, com o único propósito de engravidar. Como é importante viver o romantismo, cheio de surpresas, de carinhos e plena doação!

Como uma vida alegre, cheia de esperança e de otimismo, prepara o caminho mais rápido para uma linda gravidez! Para que esse viver otimista possa acontecer como é importante viver uma vida de fé, confiando plenamente em Jesus que assim falou: "Venham a mim todos os que estão cansados e sobrecarregados, e eu darei descanso a vocês. Tomem sobre vocês o meu jugo e aprendam de mim, pois sou manso e humilde de coração, e vocês encontrarão descanso para as suas almas. Pois o meu jugo é suave e o meu fardo é leve" (Mt 11,22-30).

2º dia

A fiel suplicante: Santíssima Virgem Maria, desde toda a eternidade escolhida para ser a mãe do Filho de Deus, como é imensa sua grandeza e a sua dignidade! Quando o Arcanjo São Gabriel lhe anunciou ter sido a Senhora a escolhida para ser a mãe de Deus, o seu coração, cheio de humildade, logo respondeu: "Eis aqui a serva do Senhor. Faça-se em mim segundo a sua palavra!" E o seu "sim" trouxe a esperança para a salvação de toda a humanidade. E essa grandeza de se tornar Mãe de Deus transformou a Senhora em onipotência suplicante, e o seu Amado Filho nunca deixará de atender a um pedido seu. Eu também quero ser mãe, e aqui estou, suplicando essa graça e esse dom. Ajude-me! Ilumine-me!

Nossa Senhora: Filha querida, eu te amo. Sabia que dizer "sim" a Deus é estar aberta para fazer toda a vontade dele, por amor? Você falou do meu "sim". No entanto, o sim mais perfeito era o de meu Filho. Assim Ele clamou no Horto das Oliveiras: "Meu Pai, se for possível, afaste de mim este cálice; contudo, não seja como eu quero, mas sim como o Senhor quer" (Mt 26,39). E você? Está disposta a dizer sim ao Deus que a ama?

O Bom Pai quer que você também faça a sua parte, seja dialogando com seu esposo, combinando com ele qual o tratamento que precisam fazer; com ele calculando o quanto poderão gastar; procurando o médico competente e com ele sendo sincera e franca; cuidando bem de seu corpo, seja através de bom repouso, seja tomando cuidado com a alimentação; e, além disso, evite o *stress* e se encha de otimismo e de muita confiança. Amém.

 A fiel suplicante: Obrigada pelas suas palavras, cheias de sabedoria, e eu conto com o seu auxílio. Amém.

3º dia

A fiel suplicante: Bom Pai do Céu, criador de todas as coisas, criador da vida, que fez o homem e a mulher à sua imagem e semelhança e lhes deu a ordem de crescerem e se multiplicarem, eu sou sua filha que no Senhor confia. Como é grande o meu desejo de me tornar mãe, gerar em minha carne um ser marcado com o dom da imortalidade, com a glória de ser seu filho. Diga-me uma coisa: Por que essa criança está tardando tanto para chegar?

O Bom Pai: Entre as mulheres há muita franqueza. Ouça o que a minha filha Sara, esposa de Abraão, tem a lhe ensinar!

Sara: Minha irmã, eu também me angustiei muito porque minhas amigas se orgulhavam de seus filhos e eu envelhecia estéril, sem nenhuma esperança de engravidar. Meu esposo Abraão, com quase cem anos, recebeu a revelação de que seria pai de um grande povo. E ele? Achou impossível e caiu na risada, como você lê no capítulo 17 do Gênesis: "Então caiu Abraão sobre o seu rosto, e riu-se, e disse no seu coração: A um homem de cem anos há de nascer um filho? E dará à luz Sara com a idade de noventa anos?" E Javé, anunciando que eu seria mãe, continuou falando maravilhas: "A minha aliança, porém, estabelecerei com Isaac, o qual Sara dará à luz neste tempo determinado, no ano seguinte". E eu me tornei mãe, porque para Javé tudo é possível.

Sei que cerca de 15% de todos os casais de seu tempo eram inférteis. Mas, com o avanço da medicina de agora, as causas da infertilidade podem ser diagnosticadas e tratadas. Pena que, apesar dos avanços das ciências, elas não conseguem resolver tudo. A decisão de um casal de escolher o momento da concepção, buscar medidas que estimulem a fertilidade ou de adotar uma criança é uma responsabilidade que os dois compartilham diante de Deus, autor da vida. Aos olhos de Deus, um casal sem filhos de modo algum é inferior a outros casais, se esta é a vontade do Altíssimo. Quem disse que tal casal não foi escolhido para fazer o mundo mais humano, mais feliz, adotando alguma criança abandonada ou decidindo dedicar-se às obras sociais?

A fiel suplicante: Suas palavras são muito importantes. Sinto que eu preciso crescer mais, lutando por um mundo melhor. Obrigada por suas ideias tão claras e tão ricas. Amém.

4º dia

A fiel suplicante: Senhor Jesus, Mateus em seu capítulo 10 nos conta que o seu poder curava todo o mal e toda a enfermidade. Portanto, o Senhor não curava apenas pequenas enfermidades, mas até mesmo doenças incuráveis, tanto físicas como as de fundo emocional.

E eu creio nesse seu poder, pois tudo foi criado pelo Senhor e para o Senhor. Se a palavra "esterilidade" é uma palavra fria, estou convencida da necessidade de consultar um médico, para dele receber orientação e fazer os exames por ele prescritos. Mas, levando em conta minha pequenez, queira me orientar com sua luz que sempre mostra caminhos novos.

Jesus: Filha querida, sei que você está cheia de boa vontade e quer acertar. Hoje a minha luz está em Raquel, também ela lá do Antigo Testamento. Ela, tambem, sofreu como você sofre e, porque dela meu Pai se compadeceu, ela se tornou mãe de José e de Benjamim, pais de duas tribos de meu povo de Israel. Iluminada por mim, ouça as palavras dela!

Raquel: Minha querida irmã, conheço suas dores e humilhações, pois também eu chorei muito, suplicando ao Bom Pai um filho e ele não chegava. Como invejava minha irmã Lia! Eu e ela éramos, na poligamia do Antigo Testamento, casadas com Jacó. Sei que ele me amava mais do que à minha irmã, só que ela lhe deu muitos filhos e eu não conseguia engravidar.

Depois de muita oração – a oração tem poder – veja o que o Livro do Gênesis, cap. 30, fala sobre mim: "E lembrou-se Deus de Raquel; e Deus a ouviu, e a tornou fecunda". Meu primeiro filho, José, o mais amado por Israel, chegou a ocupar o lugar mais alto, no Egito. Acima dele era somente o faraó.

Viu a força da oração? Confia no Senhor, e você verá que aquele que cuida até dos passarinhos ouvirá sua oração, pois Ele é seu Pai e a ama!

A fiel suplicante: Estou feliz em ouvir suas palavras. No entanto, para que eu possa colaborar com a vontade de Deus, o que devo eu fazer?

Raquel: Você já percebeu que o tratamento para ter um filho requer tempo e enche a cabeça? Por favor, evite o *stress*! Que tal ter alguma outra atividade que faça pensar também em outras coisas e que lhe dê prazer?

Por favor, não fique se culpando com decisões tomadas no passado. Ficar remoendo pensamentos como "eu errei por ter tomado pílulas por tanto tempo", ou "por que eu demorei tanto tempo para começar o tratamento?" Como esse pessimismo atrapalha! Ora, se você se ama, perdoe os seus erros e se convença que problema de fertilidade acontece não por sua culpa. Então, pense em coisas positivas que vão acontecer quando suas dificuldades forem superadas!

Como você sabe, o tratamento para ter um bebê costuma ser caro, pode durar mais tempo que o previsto e nem sempre traz o selo do sucesso.

Por isso, planeje com o esposo o limite do esforço a ser usado, como, por exemplo, se aceitam o uso de gametas doados, se concordam com tratamento caro como a fertilização *in vitro*. Essas tomadas de posição não precisam ser definitivas, mas ajudam a vencer os conflitos internos.

A fiel suplicante: Como é bom ouvir palavras de gente inteligente e de coração cheio de amor! Sei que a luz do Espírito Santo vai me iluminar e coisas maravilhosas vão acontecer. Agradeça ao Bom Pai a fé e a coragem que enriquecem meu coração e me faz mais positiva e otimista. Amém.

5º dia

A fiel suplicante: Senhor Jesus, cujo poder é tão grande, fazendo o sol nascer todos os dias, para que a sua vida possa atingir toda a natureza, no Senhor eu confio. Cheia de paz, cheia de esperança, apresento-me diante de sua majestade, suplicando o dom da maternidade.

Eu sei que o seu poder irá encher de vida o meu útero e ele vai me doar aquilo que sempre aspirei. E a minha alegria? Ela vai encher todos os recantos de meu lar. Junto com Davi, deixe-me mostrar minha esperança, através do Sl 27: "O Bom Pai é minha luz e salvação: de quem vou ter medo? O Bom Pai é a fortaleza da minha vida: frente a quem vou tremer? [...] Uma coisa peço ao Bom Pai e só esta procuro: é habitar em sua casa, todos os dias de minha vida, para gozar a sua doçura e contemplar o seu templo, pois Ele me oculta na sua cabana, no dia da infelicidade. Ele me esconde no segredo de sua tenda e me eleva sobre uma rocha. Se meu pai e minha mãe me abandonarem, o Bom Pai, porém, me acolhe!" (Sl 27,1.4.9.10) – Jesus, gostaria de ouvir mais uma colega do Antigo Testamento, Ana, mãe do grande Samuel. Peço que a envie para fortalecer minha fé.

Palavras de Ana, mãe de Samuel: Querida irmã, conheço seu sofrimento, porque eu também passei por essa situação. Um pedaço de minha história é narrada no capítulo primeiro do Primeiro Livro de Samuel. Meu marido, que me amava muito, era também casado com Fenena, que continuamente me desprezava, pois ela tinha filhos e eu não conseguia engravidar.

Um dia fomos rezar no santuário do Senhor. Lá dentro estava o Sacerdote Eli, sentado numa cadeira, e ele viu que eu me levantei e, tomada de tristeza, chorei muito e rezei: "Ó Senhor dos Exércitos, se o Senhor der atenção à humilhação de sua serva, se lembrar de mim e não se esquecer de sua serva, mas lhe der um filho, então eu o dedicarei ao Senhor por todos os dias de sua vida".

Então, Eli pensou que eu estivesse embriagada e me disse: "Até quando você continuará embriagada? Abandone o vinho!" E eu lhe respondi: "Não se trata disso, meu senhor. Sou uma mulher muito angustiada. Não bebi vinho nem bebida fermentada; eu estava derramando minha alma diante do Senhor".

Sabe o que ele me disse? "Vá em paz e que o Deus de Israel conceda a você o que pediu." E o milagre aconteceu: Pouco tempo depois eu já estava grávida.

No tempo certo, o menino nasceu e, depois de desmamá-lo, levei-o à casa do Senhor e a Ele o consagrei.

E você? Jogue fora suas preocupações e encha-se de confiança, pois tudo é possível para quem crê!

A fiel suplicante: "O Senhor é compassivo e misericordioso, mui paciente e cheio de amor. [...] Não nos trata conforme os nossos pecados nem nos retribui conforme as nossas iniquidades. Pois como os céus se elevam acima da terra, assim é grande o seu amor para com os que o veneram; e como o Oriente está longe do Ocidente, assim Ele afasta para longe de nós as nossas transgressões. Como um pai tem compaixão de seus filhos, assim o Senhor tem compaixão dos que o amam, pois Ele sabe do que somos formados; lembra-se de que somos pó" (Sl 103,8-14).

Ana, mãe de Samuel: Minha amiga, você não vai conseguir imaginar o quanto Elcana me amava. Procurei sempre retribuir a esse amor. No entanto, ninguém como o Bom Pai do céu ama a mim e a você.

Há pouco você orava: "Como um pai tem compaixão de seus filhos, assim o Senhor tem compaixão dos que o amam, pois Ele sabe do que somos formados; lembra-se de que somos pó". Do jeito que Ele a ama, tente amar o seu marido também, trabalhando em equipe com ele.

Nesta hora difícil ele precisa de sua ajuda e você precisa da ajuda dele, não é verdade? Evite sempre a mania de um culpar o outro pela dificuldade de engravidar. Vocês dois, trabalhando em equipe, isso não significa que tenham que sentir a mesma coisa ao mesmo tempo. Realmente é necessário estar atento ao que o outro está sentindo naquele momento. Se um ama o outro de verdade, os dois podem se unir para a vitória final.

A fiel suplicante: Ana querida, que sua paz, tranquilidade e alegria estejam sempre comigo. Neste momento, rezemos juntas o Sl 113: "Aleluia! Louvem, ó servos do Senhor, louvem o nome do Senhor! Seja bendito o nome do Senhor, desde agora e para sempre! Do nascente ao poente, seja louvado o nome do Senhor! O Senhor está exaltado acima de todas as nações; e acima dos céus está a sua glória. Quem é como o Senhor, o nosso Deus, que reina em seu trono nas alturas, mas se inclina para contemplar o que acontece nos céus e na terra? Ele levanta do pó o necessitado e ergue do lixo o pobre, para fazê-los sentar-se com príncipes, com os príncipes do seu povo. Dá um lar à estéril, e dela faz uma feliz mãe de filhos. Aleluia!

6º dia

Jesus: Filha querida, você que carrega tristeza e aflições, venha até a mim! Eu tenho poder para libertá-la. Como é importante para você conhecer vários casos narrados pela Bíblia e casos acontecidos em seus dias de gente estéril que conservou a fé, que continuou firme acreditando no impossível e, graças ao Bom Pai, puderam realizar o sonho de serem mães!

Quanta beleza em encontrar-se com alguém que não podia ter filhos e o Bom Pai preparou a hora certa para que encontrasse bons médicos, para que fizesse o tratamento, indicando o caminho certo, e a gravidez aconteceu!

Assim, é por demais importante que você acredite que o Bom Pai tem seu tempo certo para transformar em bem todos os fatos que vêm acontecendo. Como o Bom Pai é poderoso para fazer infinitamente mais do que pedimos ou imaginamos! Tudo que acontece está dentro do plano dele. Tudo tem seu tempo.

Foi por isso que eu orei nas vésperas de minha morte: "Pai, se for possível afaste de mim esse cálice! Mas não se faça a minha vontade e sim a sua!" (Mt 26,39). Agora, deixe minha filha Isabel, mãe de João Batista, conversar com você!

Palavras de Sabedoria: Com muita clareza Lucas abre seu evangelho falando do Sacerdote Zacarias e de sua esposa Isabel: "Ambos eram justos aos olhos de Deus, obedecendo de modo irrepreensível a todos os mandamentos e preceitos do Senhor. Mas eles não tinham filhos, porque Isabel era estéril; e ambos eram de idade avançada".

Lucas continua descrevendo Zacarias oferecendo incenso diante do altar do Senhor. Então, aparece-lhe o Arcanjo São Gabriel e anuncia que a oração dos dois foi ouvida: "Não tenha medo, Zacarias; sua oração foi ouvida. Isabel, sua mulher, dará a você um filho, e você lhe dará o nome de João. Ele será motivo de prazer e de alegria para você, e muitos se alegrarão por causa do nascimento dele".

Infelizmente o sacerdote não acreditou nas palavras do anjo. Mas, mesmo assim, Isabel engravidou, e ela assim comentou: "Isto é obra do Senhor! Agora Ele olhou para mim favoravelmente, para desfazer a minha humilhação perante o povo".

No sexto mês, Maria, grávida do Menino Jesus, foi visitar sua prima, para ajudá-la. Isabel, reconhecendo ser a Virgem de Nazaré mãe de Deus, exclamou: "Bendita é você entre as mulheres e bendito é o filho que você dará à luz! Mas por que sou tão agraciada, a ponto de me visitar a mãe do meu Senhor? Logo que a sua saudação chegou aos meus ouvidos, o bebê que está em meu ventre agitou-se de alegria".

E Maria, também ela grávida, louvou o Senhor que nela fizera maravilhas: "Minha alma engrandece ao Senhor e o meu espírito se alegra em Deus, meu Salvador, pois olhou para a humildade da sua serva. De agora em diante todas as gerações me chamarão bem-aventurada, pois o Poderoso fez grandes coisas em meu favor; santo é o seu nome".

Três meses depois, Isabel teve o menino e "todos os que ouviam falar disso se perguntavam: "O que vai ser este menino?" Pois a mão do Senhor estava com ele".

Isabel: Minha amiga, que traz no coração os mesmos desejos que eu carregava, como você eu confiei em Deus e orei muito. Sabendo que o Senhor é só amor e só quer o nosso bem, eu orava: "Pai, encha meu coração de alegria, dando-me a graça de uma feliz gravidez!" E eu acrescentava: "Faça-se a sua vontade e não a minha. Como o Senhor é só amor, sei que sua vontade irá acontecer no tempo certo, na hora certa".

Então, não viva curtindo tristeza, pois, como se lê no livro santo: "Tudo se converte em bem para quem ama a Deus" (Rm 8,28). Se isto é verdade, enxugue suas lágrimas e louve o Senhor.

Já que o louvor é um forte remédio para o nosso organismo, ponha em prática os ensinamentos de Paulo que assim escreveu: "Alegrem-se sempre no Senhor. Novamente direi: Alegrem-se!... Não andem ansiosos por coisa alguma, mas em tudo, pela oração e súplicas e com ação de graças, apresentem seus pedidos a Deus" (Fl 4,4-6).

 A fiel suplicante: Obrigada, minha irmã. Fiquei feliz e mais segura com as suas palavras. Deixe-me agora louvar o meu Senhor:

"Aleluia! Eu celebro o Bom Pai de todo o coração, na companhia dos retos, no concelho. São grandes suas obras, dignas de estudo para quem as ama. Sua obra é esplendor e majestade; sua generosidade permanece para sempre. Ele fez maravilhas que não se podem esquecer. O Bom Pai é piedade e compaixão: dá alimento aos que o veneram, sempre se lembrando da sua aliança. Amém (cf. Sl 145).

7º dia

A fiel suplicante: Salve, Maria Santíssima, digníssima Mãe de Deus, escolhida e preparada por Ele, desde a eternidade! Feliz o dia em que o Arcanjo São Gabriel entrou em sua casa para anunciar a maravilhosa escolha do grande Deus! Sempre me emociono cada vez que leio no capítulo 1º de Lucas:

"No sexto mês Deus enviou o Anjo Gabriel a Nazaré, cidade da Galileia, a uma virgem prometida em casamento a certo homem chamado José, descendente de Davi. O nome da virgem era Maria.

O anjo, aproximando-se dela, disse: "Alegrese, agraciada! O Senhor está com você!" Maria ficou perturbada com essas palavras, pensando no que poderia significar esta saudação.

Mas o anjo lhe disse: "Não tenha medo, Maria; você foi agraciada por Deus! Você ficará grávida e dará à luz um filho, e lhe porá o nome de Jesus. Ele será grande e será chamado Filho do Altíssimo. O Senhor Deus lhe dará o trono de seu pai Davi, e Ele reinará para sempre sobre o povo de Jacó; seu Reino jamais terá fim".

Perguntou Maria ao anjo: "Como acontecerá isso se sou virgem?" O anjo respondeu: "O Espírito Santo virá sobre você, e o poder do Altíssimo a cobrirá com a sua sombra. Assim, aquele que há de nascer será chamado Santo, Filho de Deus. Também Isabel, tua parenta, terá um filho na velhice; aquela que diziam ser estéril já está em seu sexto mês de gestação" (Lc 1,26-36).

Fantástica a sua resposta, revelando a sua vontade de estar aberta ao plano divino: "Sou serva do Senhor; que aconteça comigo conforme a tua palavra". E o que aconteceu naquele momento? "Aquele que é a Palavra tornou-se carne e viveu entre nós. Vimos a sua glória, glória como do Unigênito vindo do Pai, cheio de graça e de verdade" (Jo 1,14).

E o seu ventre encheu-se de vida, gerando o Senhor do céu e da terra. No mundo quem pode ser comparado com a Senhora? Ninguém. A Senhora está acima de todos os anjos e santos.

E eu? Quem sou? Uma de suas filhas muito querida, implorando de sua bondade a graça da maternidade. Seu filho é a plenitude da Vida e Ele pode, com o seu poder, fazer de meu corpo instrumento da multiplicação da vida sobre a terra. Já que no primeiro capítulo da Bíblia há o mandamento de Deus "cresçam e se multipliquem", dê-me a graça desse mandamento se cumprir em mim. Peça a seu Filho, que sempre a atende, a alegria que a Senhora sentiu ao saber que estava grávida. Sei que no tempo certo, na hora certa, a vontade de Deus será realidade na minha vida.

8º dia

A fiel suplicante: Santíssima Virgem Maria, quanto amor a Senhora não sentia ao dar seu seio para o Menino Jesus mamar! Era só ternura, era só afeto.

Cheia de confiança, eu lhe suplico, leve até Jesus o meu penar: Sonho também em ser mãe. Meu corpo, porém, continua rebelde e não me enche de vida. Mas, mesmo assim, eu creio que só a Senhora e o seu Divino Filho têm o poder de entender os meus sentimentos, de encher o meu organismo de vida e tornar realidade o meu sonho.

A Senhora, que teve o privilégio de gerar o Criador do mundo, tem o poder de entender o que aspira o meu coração e levar até Ele o meu desejo. Sei que Jesus atende todos os seus desejos, como a atendeu no casamento em Caná da Galileia, transformando a água em vinho, mesmo que o tempo de fazer milagres ainda não tivesse chegado. Que eu conheça sempre mais a vontade dele, para que eu possa agir como Ele planejou. Isto lhe peço, em nome daquele que a Senhora mais amou. Amém.

Sl 8: A dignidade do ser humano
(Hino de louvor à grandeza de Deus, que colocou o homem como senhor da criação)

(Reveja tudo o que você tem de bom, descubra todo o seu valor e celebre o poder do Bom Pai que lhe deu tudo isso!)

Bom Pai, Senhor nosso, como é poderoso
o seu nome em toda a terra!
Exaltou a sua majestade acima do céu. Da
boca de crianças e bebês tirou um louvor
contra os seus adversários, para reprimir o
inimigo e o vingador.

Quando contemplo o céu, obra de seus
dedos, a lua e as estrelas que fixou... O que
é o homem, para dele se lembrar? O ser
humano, para que o visite?

O Senhor o fez pouco menos do que um
deus e o coroou de glória e esplendor. O
Senhor o fez reinar sobre as obras de suas
mãos e sob os pés dele o Senhor colocou
ovelhas e bois, todos eles e as feras do
campo também; as aves do céu e os pei-
xes do oceano, que percorrem as sendas
dos mares.

Bom Pai, Senhor nosso,
como é poderoso o seu nome em toda a
terra!

9º dia

Cântico do Irmão Sol

(Este cântico foi composto por São Francisco de Assis, em 1225, louvando o Senhor pela obra da criação. *Nota*: Depois da estrofe que fala sobre os que promovem a paz, o autor da novena eliminou a estrofe que fala sobre a Irmã Morte e acrescentou mais outras quatro sobre todos os futuros bebês que um dia vão chegar.)

Altíssimo, onipotente, Bom Senhor, teus são o louvor, a glória, a honra e toda a bênção.

Só a ti, Altíssimo, são devidos; e homem algum é digno de te mencionar.

Louvado sejas, meu Senhor, com todas as tuas criaturas,
Especialmente o senhor Irmão Sol, que clareia o dia e com sua luz nos alumia.

E ele é belo e radiante com grande esplendor; de ti, Altíssimo, é a imagem.

Louvado sejas, meu Senhor, pela Irmã Lua e as Estrelas, que no céu formastes claras e preciosas e belas.

Louvado sejas, meu Senhor, pelo Irmão Vento, pelo ar, ou nublado ou sereno, e todo o tempo, pelo qual às tuas criaturas dás sustento.

Louvado sejas, meu Senhor, pela Irmã Água, que é mui útil e humilde e preciosa e casta.

Louvado sejas, meu Senhor, pelo Irmão Fogo, pelo qual iluminas a noite. E ele é belo e jucundo e vigoroso e forte.

Louvado sejas, meu Senhor, por nossa Irmã a Mãe Terra, que nos sustenta e governa, e produz frutos diversos e coloridas flores e ervas.

Louvado sejas, meu Senhor, pelos que perdoam por teu amor, e suportam enfermidades e tribulações.

Bem-aventurados os que sustentam em paz, que por ti, Altíssimo, serão coroados. [...]

*

Louvado sejas, meu Senhor, pelas Irmãs Criancinhas que as Irmãs Mamães trazem ao mundo, fazendo-o mais bonito com seus sorrisos, sua ternura e suas artes.

Louvado sejas, meu Senhor, pelas outras Irmãs Mamães, que trouxeram vida, não através de seu corpo, mas de seu coração, acolhendo em seu regaço crianças carentes, ou enfermas, ou sem proteção.

Louvado sejas, meu Senhor, também pelas Irmãs Mamães que não puderam gerar, mas se dedicaram ao serviço social, fazendo o mundo mais humano e mais feliz.

Louvado sejas, meu Senhor, pelas Irmãs Mamães que, na fé, souberam aguardar o tempo do Bom Pai, que transforma tudo em bem para quem o ama.

*

Louvai e bendizei a meu Senhor, e dai-lhe graças, e servi-o com grande humildade.